AF200054

Impressum
Verlag: BABADADA GmbH, Nedderfeld 112 , 22529 Hamburg
Geschäftsführer / Verlagsleitung: Harald Hof
Druck: Books on Demand GmbH, In de Tarpen 42, 22848 Norderstedt

Imprint
Publisher: BABADADA GmbH, Nedderfeld 112 , 22529 Hamburg, Germany
Managing Director / Publishing direction: Harald Hof
Print: Books on Demand GmbH, In de Tarpen 42, 22848 Norderstedt

classroom
کلاس درس

divide
تقسیم کردن

186/2

board
تخته

school yard
حیاط مدرسه

teacher
معلم

paper
کاغذ

write
نوشتن

pen
خودکار

desk
میز تحریر

ruler
خط کش

book
کتاب

pupil
دانش آموز

satchel
....
کیف مدرسه

pencil case
....
جامدادی

pencil
....
مداد

pencil sharpener
....
تراش

rubber
....
پاک کن

drawing pad
....
دفتر رسم

drawing

طراحی

paintbrush

قلم مو

paint box

جعبه ی آبرنگ

scissors

قیچی

glue

چسب

exercise book

کتاب تمرین

homework

تکلیف خانه

number

رقم

add

جمع کردن

subtract

تفریق کردن

multiply

ضرب کردن

calculate

محاسبه کردن

letter

حرف الفبا

alphabet

الفبا

word

کلمه

text

متن

read

خواندن

chalk

گچ

lesson

درس

register

ثبت نام

exam

امتحان

certificate

مدرک رسمی

school uniform

لباس مدرسه

education

تحصیلات

encyclopedia

دانشنامه

university

دانشگاه

microscope

میکروسکوپ

map

نقشه

waste-paper basket

سبد کاغذ باطله

hotel
هتل

Grand

hostel
مسافرخانه

ROOMS

bureau de change
صرافی

EXCHANGE

car
اتومبیل

language

زبان

yes / no

بله / خیر

Okay

اکی

hello

سلام

translator

مترجم

Thank you

ممنون

how much is...?

قیمت ... چه قدر است؟

I do not understand

من متوجه نمی شوم

problem

مشکل

Good evening!

عصر بخیر! / شب بخیر!

Good morning!

صبح بخیر!

Good night!

شب بخیر!

bye bye

خداnگهدار

direction

جهت

luggage

بار سفر

bag

کیف

backpack

کوله پشتی

guest

مهمان

room

اتاق

sleeping bag

کیسه خواب

tent

خیمه

tourist information

مرکز راهنمای گردشگران

beach

ساحل

credit card

کارت اعتباری

breakfast

صبحانه

lunch

نهار

dinner

شام

ticket

بلیط

lift

آسانسور

stamp

مهر

border

مرز

customs

گمرک

embassy

سفارتخانه

visa

ویزا

passport

گذرنامه

aeroplane
هواپیما

ship
کشتی

fire engine
ماشین آتش نشانی

bus
اتوبوس

truck
کامیون

motorboat
قایق موتوری

bike
دوچرخه

car
اتومبیل

ferry

کشتی مسافربری

boat

قایق

motorbike

موتورسیکلت

police car

ماشین پلیس

racing car

ماشین مسابقه

rental car

ماشین کرایه ای

car sharing

به اشتراک گذاری اتوموبیل

breakdown truck

جرثقیل

refuse truck

ماشین حمل زباله

motor

موتور

fuel

بنزین

petrol station

پمپ بنزین

traffic sign

تابلو راهنمایی و رانندگی

traffic

عبور و مرور

traffic jam

ترافیک

car park

پارکینگ

train station

ایستگاه قطار

tracks

ریل راه آهن

train

قطار

tram

قطار برقی

carriage

واگن

helicopter

هلیکوپتر

airport

فرودگاه

tower

برج

passenger

مسافر

container

کانتینر

carton

کارتن

cart

گاری

basket

سبد

take off / land

به پرواز درآمدن / فرود آمدن

city

شهر

village

دهکده

city centre

مرکز شهر

house

خانه

cinema
سینما

advert
تبلیغ

street lamp
چراغ خیابان

CINEMA

street
خیابان

taxi
تاکسی

snack shop
دکه

pedestrian
عابر پیاده

pavement
پیاده رو

zebra crossing
خط کشی عابر پیاده

bin
سطل آشغال بزرگ

crossing
چهارراه

traffic lights
چراغ راهنما

hut
کلبه

flat
آپارتمان

train station
ایستگاه قطار

town hall
ساختمان شهرداری

museum
موزه

school
مدرسه

university

دانشگاه

bank

بانک

hospital

بیمارستان

hotel

هتل

pharmacy

داروخانه

office

اداره

book shop

کتابفروشی

shop

مغازه

florist's

گل فروشی

supermarket

سوپرمارکت

market

بازار

department store

فروشگاه بزرگ

fishmonger's

ماهی فروش

shopping centre

مرکز خرید

harbour

بندر

city - شهر

park

پارک

bench

نیمکت

bridge

پل

stairs

پله

underground

مترو

tunnel

تونل

bus stop

ایستگاه اتوبوس

bar

میخانه

restaurant

رستوران

postbox

صندوق پست

street sign

تابلوی خیابان

parking meter

دستگاه پارکومتر

zoo

باغ وحش

swimming pool

استخر شنای عمومی

mosque

مسجد

farm

مزرعه

pollution

آلودگی محیط زیست

graveyard

قبرستان

church

کلیسا

playground

زمین بازی

temple

معبد

landscape

چشم انداز

![landscape scene](signpost, way, meadow, stone, tree, hiker, river, grass, flower)

signpost — تابلوی راهنمای مسیر

way — راه

meadow — چمنزار

stone — سنگ

tree — درخت

hiker — راه نورد

river — رودخانه

grass — چمن

flower — گل

valley

دره

hill

تپه

lake

دریاچه

forest

جنگل

desert

بیابان

volcano

کوه آتشفشان

castle

قلعه

rainbow

رنگین کمان

mushroom

قارچ

palm tree

درخت نخل

mosquito

پشه

fly

مگس

ant

مورچه

bee

زنبور

spider

عنکبوت

beetle

سوسک

frog

قورباغه

squirrel

سنجاب

hedgehog

جوجه تیغی

hare

خرگوش صحرایی

owl

جغد

bird

پرنده

swan

قو

boar

گراز

deer

گوزن نر

moose

گوزن شمالی

dam

سد آب

wind turbine

توربین بادی

solar panel

صفحه ی خورشیدی

climate

آب و هوا

waiter
پیشخدمت رستوران

menu
منوی غذا

chair
صندلی

soup
سوپ

pizza
پیتزا

cutlery
سرویس کارد و قاشق و چنگال

tablecloth
رومیزی

starter
پیش‌غذا

main course
غذای اصلی

dessert
دسر

drinks
نوشیدنی ها

food
غذا

bottle
بطری

fast food

فست فود

street food

اغذیه خیابانی

teapot

قوری

sugar bowl

قندان

portion

پُرس غذا

espresso machine

دستگاه اسپرسو

high chair

صندلی پایه بلند غذاخوری بچه

bill

صورتحساب

tray

سینی

knife

چاقو

fork

چنگال

spoon

قاشق

teaspoon

قاشق چایخوری

serviette

دستمال سفره

glass

لیوان

plate

بشقاب

soup plate

بشقاب سوپخوری

saucer

نعلبکی

sauce

سس

salt pot

نمکدان

pepper mill

فلفل ساب

vinegar

سرکه

oil

روغن خوراکی

spices

ادویه جات

ketchup

سس کچاپ

mustard

سس خردل

mayonnaise

سس مایونز

special offer
پیشنهاد ویژه

customer
مشتری

dairy
لبنیات

fruit
میوه جات

trolley
چرخ دستی خرید

butcher´s

قصابی

baker´s

نانوایی

weigh

وزن کردن

vegetables

سبزیجات

meat

گوشت

frozen food

غذای منجمد

cold meat

مخلوطی از انواع کالباس یا پنیر که
ورقه ای بریده شده باشند

tinned food

غذای کنسروی

washing powder

پودر لباسشویی

sweets

شیرینی جات

household products

لوازم خانگی

cleaning products

ماده شوینده و پاک کننده

salesperson

فروشنده

till

صندوق پرداخت

cashier

صندوقدار

shopping list

لیست خرید

opening hours

ساعات کار

wallet

کیف پول

credit card

کارت اعتباری

bag

کیف

plastic bag

کیسه ی پلاستیکی

water

آب

juice

آبمیوه

milk

شیر

coke

نوشابه کوکاکولا

wine

شراب

beer

آبجو

alcohol

الکل

cocoa

کاکائو

tea

چای

coffee

قهوه

espresso

قهوه اسپرسو

cappuccino

کاپوچینو

banana

موز

apple

سیب

orange

پرتقال

melon

انواع هندوانه و خربزه

lemon

لیمو

carrot

هویج

garlic

سیر

bamboo

نی بامبو

onion

پیاز

mushroom

قارچ

nuts

آجیل

noodles

ماکارونی

spaghetti

اسپاگتی

rice

برنج

salad

سالاد

chips

سیب زمینی سرخ کرده

fried potatoes

سیب زمینی سرخ شده

pizza

پیتزا

hamburger

همبرگر

sandwich

ساندویچ

cutlet

شنیتسل

ham

ژامبون خوک

salami

سالامی

sausage

سوسیس

chicken

مرغ

roast

نوعی گوشت سرخ شده

fish

ماهی

porridge oats

جوی پرک شده

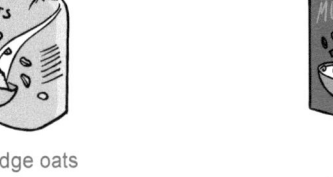

muesli

نوعی صبحانه مخلوطی از برگه ذرت و
میوه های خشک شده و خشکبار که
معمولا با شیر خورده می شود

cornflakes

کورن‌فلکس

flour

آرد

croissant

کرواسان

bread roll

نان بروتشن

bread

نان

toast

نان تست

biscuits

بیسکویت

butter

گره

curd

کشک

cake

کیک

egg

تخم مرغ

fried egg

تخم مرغ نیمرو

cheese

پنیر

ice cream

بستنی

sugar

شکر

honey

عسل

jam

مربا

chocolate spread

کرم شکلاتی بادامی

curry

ادویه کاری

goat	cow	calf
بز	گاو ماده	گوساله

pig	piglet	bull
خوک	بچه خوک	گاو نر

goose

غاز

duck

اردک

chick

جوجه

hen

مرغ

cock

خروس

rat

موش صحرایی

cat

گربه

mouse

موش

ox

گاو نر اخته

dog

سگ

doghouse

لانه ی سگ

garden hose

شلنگ باغبانی

watering can

آبپاش

scythe

داس دسته بلند

plough

گاوآهن

sickle

داس

hoe

کج بیل

pitchfork

چنگک باغبانی

axe

تبر

wheelbarrow

فرقون

trough

آبشخور

milk can

بطری نگهداری شیر

sack

کیسه

fence

حصار

stable

اصطبل

greenhouse

گلخانه

soil

خاک

seed

بذر

fertilizer

کود

combine harvester

ماشین کمباین

harvest

برداشت کردن محصول

harvest

محصول

yams

تمیس

wheat

گندم

soy

سویا

potato

سیب زمینی

corn

ذرت

rapeseed

کلزا

fruit tree

درخت میوه

cassava

گیاه مانیوک

cereals

غلات

living room

اتاق نشیمن

bathroom

حمام

kitchen

آشپزخانه

bedroom

اتاق خواب

child's room

اتاق بچه

dining room

ناهارخوری

floor

کف زمین

wall

دیوار

ceiling

سقف

cellar

زیرزمین

sauna

سونا

balcony

بالکن

terrace

تراس

pool

استخر

lawn mower

ماشین چمن‌زنی

sheet

ملافه

bedspread

روتختی

bed

تخت خواب

broom

جارو

bucket

سطل

switch

سویچ یا کلید

carpet

فرش

curtain

پرده

table

میز

chair

صندلی

rocking chair

صندلی گهواره ایی

armchair

صندلی راحتی

book

كتاب

blanket

لحاف

decoration

دكوراسيون

firewood

هيزم

film

فيلم

hi-fi equipment

دستگاه ضبط صوت

key

كليد

newspaper

روزنامه

painting

تابلو نقاشی

poster

پوستر

radio

راديو

notepad

دفترچه يادداشت

hoover

جاروبرقی

cactus

كاكتوس

candle

شمع

fridge
یخچال

microwave oven
ماکروویو

kitchen scales
ترازوی آشپزخانه

toaster
تُستر

detergent
ماده شوینده و پاک کننده

oven
فر خوراک پزی

freezer
جایخی

dishwasher
ماشین ظرفشویی

cooker

اجاق گاز

pot

قابلمه

cast-iron pot

قابلمه چدنی

wok / kadai

ماهی تابه گود

pan

ماهی تابه

kettle

کتری

steamer

بخارپز

baking tray

سینی فر

crockery

ظرف چینی آشپزخانه

mug

لیوان

bowl

کاسه

chopsticks

چاپستیک

ladle

ملاقه

spatula

کفگیر

whisk

همزن

strainer

آبکش

sieve

آبکش

grater

رنده

mortar

هاون

barbecue

باربیکیو

open fire

محل مخصوص افروختن آتش

chopping board

تخته گوشت و سبزی

rolling pin

وردنه

corkscrew

در بطری بازکن

can

قوطی

can opener

در قوطی بازکن

pot holder

دستگیره پارچه ای

sink

سینک ظرفشویی

brush

برس گردگیری

sponge

اسفنج

blender

مخلوط کن

deep freezer

فریزر

baby bottle

شیشه شیر بچه

tap

شیر آب

heating
بخاری

towel
حوله

shower
دوش

bubble bath
حمام کف

shower curtain
پرده ی حمام

bathtub
وان حمام

glass
لیوان

washing machine
ماشین لباسشویی

tiles
کاشی

tap
شیر آب

potty
لگن دستشویی کودکان

sink
سینک ظرفشویی

toilet	squat toilet	bidet
توالت	توالت ایرانی	کاسه توالت

urinal	toilet paper	toilet brush
توالت مخصوص آقایان	دستمال توالت	فرچه توالت

toothbrush

مسواک

toothpaste

خمیردندان

dental floss

نخ دندان

wash

شستن

handheld shower

دوش آب تلفنی

douche

شلنگ توالت

basin

لگن روشویی

back brush

برس شست و شوی پشت

soap

صابون

shower gel

شامپو بدن

shampoo

شامپو

flannel

لیف حمام

drain

راه آب

cream

کرم

deodorant

اسپری دئودورانت

mirror

آیینه

hand mirror

آیینه ی کوچک دستی

razor

تیغ ریش تراشی

shaving foam

کف ریش تراشی

aftershave

أفتر شيو

comb

شانه ی سر

brush

برس

hair dryer

سشوار

hairspray

اسپری مو

makeup

آرایش

lipstick

رژلب

nail varnish

لاک ناخن

cotton wool

پنبه

nail scissors

قیچی ناخن

perfume

عطر

washbag

کیف لوازم آرایشی و بهداشتی

stool

چهارپایه

weighing scale

ترازو

bathrobe

حوله ی پالتویی

rubber gloves

دستکش ظرفشویی

tampon

تامپون

sanitary towel

نوار بهداشتی

chemical toilet

توالت سیار

alarm clock
ساعت زنگدار

cuddly toy
نوعی عروسک نرم به شکل حیوانات

toy car
ماشین اسباب بازی

rattle
جغجغه

doll's house
خانه ی عروسکی

present
کادو

balloon
....
بادکنک

bed
....
تخت خواب

pram
....
کالسکه بچه

deck of cards
....
بازی ورق

jigsaw
....
پازل

comic
....
داستان مصور

lego bricks

اسباب بازی لگو

building blocks

خانه سازی

action figure

عروسک شخصیت های فیلم و کارتون

babygrow

لباس نوزاد

frisbee

فریزبی

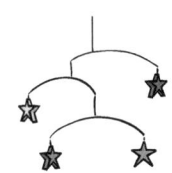

mobile

نوعی اسباب بازی که روی تخت نوزاد
یا کودک نصب می شود

board game

بازی روی صفحه

dice

تاس

model train set

قطار اسباب بازی

dummy

پستانک

party

مهمانی

picture book

کتاب مصور

ball

توپ

doll

عروسک

play

بازی کردن

sandpit

جعبه شنی مخصوص بازی کودکان

swing

تاب

toys

اسباب بازی

video game console

کنسول بازی های کامپیوتری

tricycle

سه چرخه

teddy bear

خرس عروسکی

wardrobe

کمد لباس

clothing

لباس

socks

جوراب

stockings

جوراب زنانه ساق بلند

tights

جوراب شلواری

scarf
شال

umbrella
چتر

t-shirt
تی شرت

belt
کمربند

boots
پوتین

slippers
دمپایی

trainers
کفش ورزشی کتانی

sandals

صندل

shoes

کفش

rubber boots

چکمه پلاستیکی

underpants

شرت

bra

سوتین

vest

جلیقه

body

بادی

trousers

شلوار

jeans

جین

skirt

دامن

blouse

بلوز

shirt

پیراهن

pullover

پولیور

hoodie

سویی شرتی

blazer

نوعی کت

jacket

ژاکت

coat

کت بلند

raincoat

بارانی

costume

لباس نمایش

dress

لباس

wedding dress

لباس عروس

suit

کت و شلوار

nightgown

لباس خواب زنانه

pyjamas

پیژامه

sari

ساری

headscarf

روسری

turban

عمامه

burqa

برقع

kaftan

قبا

abaya

عبا

swimsuit

لباس شنا

trunks

شرت شنا

shorts

شلوارک

tracksuit

لباس ورزشی

apron

پیشبند

gloves

دستکش

button

دکمه

glasses

عینک

bracelet

دستبند

necklace

گردنبند

ring

انگشتر

earring

گوشواره

cap

کلاه لبه دار

coat hanger

چوب لباسی

hat

کلاه

tie

کراوات

zip

زیپ

helmet

کلاه ایمنی

braces

بند شلوار

school uniform

لباس مدرسه

uniform

لباس فرم

bib

پیش بند بچه

dummy

پستانک

nappy

پوشک بچه

server
سرور

filing cabinet
کمد نگهداری پرونده

printer
چاپگر

monitor
مانیتور

paper
کاغذ

mouse
ماوس

desk
میز تحریر

folder
زونکن

keyboard
صفحه کلید

waste-paper basket
سبد کاغذ باطله

chair
صندلی

computer
کامپیوتر

coffee mug

لیوان قهوه

calculator

ماشین حساب

internet

اینترنت

laptop

لپ تاپ

letter

نامه

message

پیغام

mobile

تلفن همراه

network

شبکه ی ارتباطی

photocopier

دستگاه فتوکپی

software

نرم افزار

telephone

تلفن

plug socket

پریز

fax machine

دستگاه فاکس

form

فرم

document

مدرک

buy

خریدن

pay

پرداخت کردن

trade

تجارت کردن

money

پول

dollar

دلار

euro

یورو

yen

ین

rouble

روبل

Swiss franc

فرانک سوئیس

renminbi yuan

یوان رنمینبی

rupee

روپیه

cashpoint

دستگاه خودپرداز

bureau de change

صرافی

gold

طلا

silver

نقره

oil

نفت

energy

انرژی

price

قیمت

contract

قرارداد

tax

مالیات

stock

سهام سرمایه

work

کار کردن

employee

کارمند

employer

کارفرما

factory

کارخانه

shop

مغازه

police officer
مامور پلیس

fireman
آتش نشان

pilot
خلبان

doctor
دکتر

cook
آشپز

gardener

باغبان

carpenter

نجار

seamstress

خیاط زنانه

judge

قاضی

chemist

شیمیدان

actor

بازیگر

bus driver

راننده اتوبوس

taxi driver

راننده تاکسی

fisherman

ماهیگیر

cleaning lady

نظافتچی زن

roofer

سقف ساز

waiter

پیشخدمت رستوران

hunter

شکارچی

painter

نقاش

baker

نانوا

electrician

برقکار

builder

کارگر ساختمانی

engineer

مهندس

butcher

قصاب

plumber

لوله کش

postman

پستچی

soldier

سرباز

architect

معمار

cashier

صندوقدار

florist

گل فروش

hairdresser

آرایشگر

conductor

مامور کنترل بلیط در قطار

mechanic

مکانیک

captain

ناخدا

dentist

دندانپزشک

scientist

دانشمند

rabbi

عالم یهودی

imam

امام

monk

راهب

clergyman

کشیش

hammer
چکش

pliers
انبردست

screwdriver
پیچ گوشتی

spanner
آچار

torch
چراغ قوه

digger
بیل مکانیکی

toolbox
جعبه ابزار

ladder
نردبان

saw
ارّه

nails
میخ

drill
مته

repair

تعمیر کردن

shovel

بیل

Damn!

لعنتی!

dustpan

خاک انداز

paint pot

سطل رنگرزی

screws

پیچ

musical instruments
آلات موسیقی

loudspeaker
بلندگو

drum kit
درامز

guitar
گیتار

double bass
کنترباس

trumpet
ترومپیت

piano

پیانو

violin

ویولن

bass

گیتار بیس

timpani

تیمپانی

drums

طبل

keyboard

کیبورد الکتریک

saxophone

ساکسیفون

flute

فلوت

microphone

میکروفون

entrance
ورودی

tiger
ببر

cage
قفس

zebra
گورخر

animal feed
خوراک حیوانات

panda
خرس پاندا

animals

حیوانات

elephant

فیل

kangaroo

کانگورو

rhino

کرگدن

gorilla

گوریل

bear

خرس

camel

شتر

ostrich

شترمرغ

lion

شیر

monkey

میمون

flamingo

فلامینگو

parrot

طوطی

polar bear

خرس قطبی

penguin

پنگوئن

shark

کوسه

peacock

طاووس

snake

مار

crocodile

تمساح

zookeeper

نگهبان باغ وحش

seal

خوک آبی

jaguar

پلنگ امریکایی

pony

اسب کوچک

leopard

پلنگ

hippo

اسب آبی

giraffe

زرافه

eagle

عقاب

boar

گراز

fish

ماهی

turtle

لاک پشت

walrus

شیرماهی

fox

روباه

gazelle

غزال

American football
فوتبال آمریکایی

cycling
دوچرخه سواری

tennis
تنیس

basketball
بسکتبال

swimming
شنا

boxing
بوکس

ice hockey
هاکی روی یخ

football

فوتبال

badminton

بدمینتون

athletics

دوومیدانی

handball

هندبال

skiing

اسکی

polo

پولو

laugh
خندیدن

jump
پریدن

hug
بغل کردن

walk
راه رفتن

sing
آواز خواندن

dream
رؤیا دیدن

pray
دعا کردن

kiss
بوسیدن

write

نوشتن

draw

رسم کردن

show

نشان دادن

push

هل دادن

give

دادن

take

برداشتن

have

داشتن

do

انجام دادن

be

بودن

stand

ایستادن

run

دویدن

pull

کشیدن

throw

پرتاب کردن

fall

افتادن

lie

دراز کشیدن

wait

منتظر بودن

carry

حمل کردن

sit

نشستن

get dressed

لباس پوشیدن

sleep

خوابیدن

wake up

بیدار شدن

look at

تماشا کردن

cry

گریه کردن

stroke

نوازش کردن

comb

شانه کردن

talk

حرف زدن

understand

فهمیدن

ask

پرسیدن

listen

شنیدن

drink

آشامیدن

eat

خوردن

tidy up

مرتب کردن

love

عاشق بودن

cook

پختن

drive

رانندگی کردن

fly

پرواز کردن

sail

قایقرانی کردن

calculate

محاسبه کردن

read

خواندن

learn

یاد گرفتن

work

کار کردن

marry

ازدواج کردن

sew

دوختن

brush teeth

مسواک زدن

kill

کشتن

smoke

سیگار کشیدن

send

فرستادن

grandmother
مادربزرگ

grandfather
پدربزرگ

father
پدر

mother
مادر

baby
کودک

daughter
فرزند دختر

son
فرزند پسر

guest

مهمان

aunt

خاله، عمه

uncle

دایی، عمو

brother

برادر

sister

خواهر

forehead
پیشانی

eye
چشم

shoulder
شانه

finger
انگشت دست

face
صورت

chin
چانه

hand
دست

breast
سینه

leg
ساق پا

arm
بازو

baby

کودک

man

مرد

woman

زن

girl

دختربچه

boy

پسربچه

head

کله

back

کمر

belly

شکم

belly button

ناف

toe

انگشت پا

heel

پاشنه

bone

استخوان

hip

لگن

knee

زانو

elbow

آرنج

nose

بینی

bottom

نشیمنگاه

skin

پوست

cheek

گونه

ear

گوش

lip

لب

mouth

دهان

tooth

دندان

tongue

زبان

brain

مغز

heart

قلب

muscle

عضله

lung

ریه

liver

کبد

stomach

معده

kidneys

کلیه

sex

آمیزش جنسی

condom

کاندوم

ovum

تخمک

semen

اسپرم

pregnancy

حاملگی

menstruation

پریود

vagina

واژن

penis

آلت تناسلی مرد

eyebrow

ابرو

hair

مو

neck

گردن

hospital
بیمارستان

ambulance
آمبولانس

wheelchair
صندلی چرخ دار

fracture
شکستگی

doctor

دکتر

emergency room

بخش اورژانس

nurse

پرستار

emergency

موقعیت اضطراری

unconscious

بی هوش

pain

درد

injury

مصدومیت

bleeding

خونریزی

heart attack

سکته قلبی

stroke

سکته مغزی

allergy

الرژی

cough

سرفه

fever

تب

flu

أنفولانزا

diarrhoea

اسهال

headache

سردرد

cancer

سرطان

diabetes

دیابت

surgeon

جراح

scalpel

چاقوی جراحی

operation

عمل جراحی

CT

سی تی اسکن

x-ray

پرتونگاری

ultrasound

سونوگرافی

face mask

ماسک صورت

disease

بیماری

waiting room

اتاق انتظار

crutch

چوب زیر بغل

plaster

چسب زخم

bandage

پانسمان

injection

تزریق

stethoscope

گوشی طبی

stretcher

برانکار

clinical thermometer

دماسنج

birth

زایش

overweight

اضافه وزن

hearing aid

سمعک

disinfectant

ماده ضد غفونی کننده

infection

عفونت

virus

ویروس

HIV / AIDS

اچ آی وی / ایدز

medicine

دارو

vaccination

واکسیناسیون

tablets

قرص

pill

قرص ضد حاملگی

emergency call

تماس اظطراری

blood pressure monitor

دستگاه اندازه گیری فشارخون

ill / healthy

مریض / سالم

Help!

کمک!

alarm

آژیر خطر

assault

حمله

attack

حمله ی فیزیکی

danger

خطر

emergency exit

خروج اظطراری

Fire!

آتش

fire extinguisher

کپسول آتش‌نشانی

accident

تصادف

first-aid kit

جعبه کمک های اولیه

SOS

درخواست کمک

police

پلیس

Europe

اروپا

North America

آمریکای شمالی

South America

آمریکای جنوبی

Africa

آفریقا

Asia

آسیا

Australia

استرالیا

Atlantic

اقیا نوس اطلس

Pacific

اقیانوس آرام

Indian Ocean

اقیانوس هند

Antarctic Ocean

اقیا نوس اطلس جنوبی

Arctic Ocean

اقیانوس منجمد شمالی

North Pole

قطب شمال

South Pole

قطب جنوب

Antarctica

قاره قطب جنوب

Earth

کره زمین

land

سرزمین

sea

دریا

island

جزیره

nation

ملت

state

کشور

clock face

صفحه ی ساعت

hour hand

ساعت شمار

minute hand

دقیقه شمار

second hand

ثانیه شمار

What time is it?

ساعت چند است؟

day

روز

time

زمان

now

اکنون

digital watch

ساعت دیجیتال

minute

دقیقه

hour

ساعت

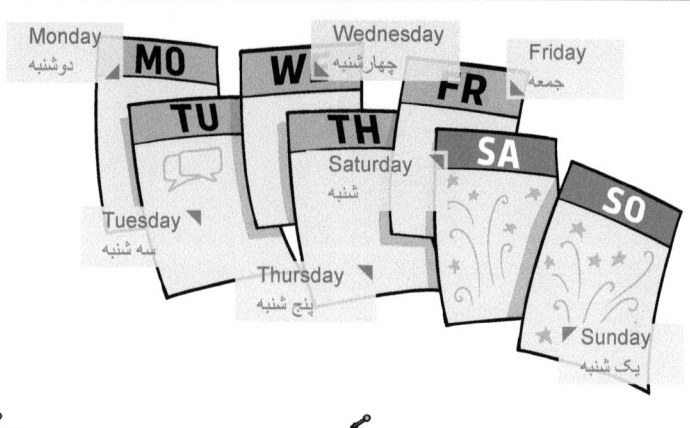

Monday
دوشنبه

Wednesday
چهارشنبه

Friday
جمعه

Tuesday
سه شنبه

Saturday
شنبه

Thursday
پنج شنبه

Sunday
یک شنبه

yesterday

دیروز

today

امروز

tomorrow

فردا

morning

صبح

noon

ظهر

evening

غروب

business days

روزهای کاری

weekend

آخر هفته

rain
باران

spring
بهار

summer
تابستان

wind
باد

autumn
پاییز

snow
برف

winter
زمستان

weather forecast

پیش‌بینی اوضاع جوی

thermometer

دماسنج

sunshine

تابش آفتاب

cloud

ابر

fog

مه

humidity

رطوبت هوا

lightning

صاعقه

thunder

آسمان غره

storm

طوفان

hail

تگرگ

monsoon

باد موسمی

flood

سیل

ice

یخ

January

ژانویه

February

فوریه

March

مارس

April

اوریل

May

مه

June

ژوئن

July

ژوئیه

August

آگوست

September
سپتامبر

October
اکتبر

November
نوامبر

December
دسامبر

shapes

أشكال

circle
دایره

square
مربع

rectangle
مستطیل

triangle
سه گوش

sphere
گره

cube
مکعب مربع

white

سفید

yellow

زرد

orange

نارنجی

pink

صورتی

red

قرمز

purple

بنفش

blue

آبی

green

سبز

brown

قهوه ای

grey

خاکستری

black

سیاه

a lot / a little

خیلی / کم

angry / calm

خشمگین / آرام

beautiful / ugly

زیبا / زشت

beginning / end

شروع / پایان

big / small

بزرگ / کوچک

bright / dark

روشن / تیره

brother / sister

برادر / خواهر

clean / dirty

تمیز / آلوده

complete / incomplete

کامل / ناقص

day / night

روز / شب

dead / alive

مرده / زنده

wide / narrow

پهن / باریک

edible / inedible

قابل خوردن / غیر قابل خوردن

evil / kind

غضبناک / مهربان

excited / bored

هیجان زده / بی حوصله

fat / thin

چاق / لاغر

first / last

اولین / أخرین

friend / enemy

دوست / دشمن

full / empty

پر / خالی

hard / soft

سفت / نرم

heavy / light

سنگین / سبک

hunger / thirst

گرسنگی / تشنگی

ill / healthy

مریض / سالم

illegal / legal

غیرقانونی / قانونی

intelligent / stupid

باهوش / خنگ

left / right

چپ / راست

near / far

نزدیک / دور

new / used

نو / استفاده شده

nothing / something

هیچ چیز / چیزی

old / young

پیر / جوان

on / off

روشن / خاموش

open / closed

باز / بسته

quiet / loud

آهسته / بلند

rich / poor

ثروتمند / فقیر

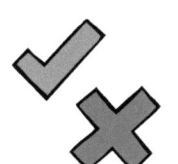

right / wrong

درست / غلط

rough / smooth

زبر / صاف

sad / happy

غمگین / خوشحال

short / long

کوتاه / بلند

slow / fast

کند / تند

wet / dry

تر / خشک

warm / cool

گرم / خنک

war / peace

جنگ / صلح

0

zero

صفر

1

one

یک

2

two

دو

3

three

سه

4

four

چهار

5

five

پنج

6

six

شش

7

seven

هفت

8

eight

هشت

9

nine

نه

10

ten

دَه

11

eleven

یازده

12

twelve

دوازده

13

thirteen

سیزده

14

fourteen

چهارده

15

fifteen

پانزده

16

sixteen

شانزده

17

seventeen

هفده

18

eighteen

هجده

19

nineteen

نوزده

20

twenty

بیست

100

hundred

صد

1.000

thousand

هزار

1.000.000

million

میلیون

languages

زبان ها

English

انگلیسی

American English

انگلیسی آمریکایی

Chinese Mandarin

چینی ماندارین

Hindi

هندی

Spanish

اسپانیایی

French

فرانسوی

Arabic

عربی

Russian

روسی

Portuguese

پرتغالی

Bengali

بنگالی

German

آلمانی

Japanese

ژاپنی

I

من

you

تو

he / she / it

او

we

ما

you

شما

they

أنها

who?

چه کسی؟ کی؟

what?

چی؟

how?

چگونه؟

where?

کجا؟

when?

کی؟

name

نام

behind

پشت

in

توی

in front of

جلو

over

بالای

on

روی

under

زیر

beside

مجاور

between

بین

place

مکان